GUESTS

....

....

....

....

....

....

....

....

....

GUESTS

....

....

....

....

....

....

....

....

....

....

 **GUESTS**

GUESTS

....

....

....

....

....

....

....

....

....

....

GUESTS

....

....

....

....

....

....

....

....

....

....

GUESTS

....

....

....

....

....

....

....

....

....

GUESTS

....

....

....

....

....

....

....

....

....

GUESTS

GUESTS

....

....

....

....

....

....

....

....

....

....

....

GUESTS

....

....

....

....

....

....

....

....

....

....

....

GUESTS

....

....

....

....

....

....

....

....

....

GUESTS

....

....

....

....

....

....

....

....

....

....

GUESTS

....

....

....

....

....

....

....

....

....

GUESTS

....

....

....

....

....

....

....

....

....

....

....

....

GUESTS

....

....

....

....

....

....

....

....

 # GUESTS

GUESTS

....

....

....

....

....

....

....

....

....

....

GUESTS

....

....

....

....

....

....

....

....

....

....

GUESTS

....

....

....

....

....

....

....

....

....

GUESTS

....

....

....

....

....

....

....

....

....

....

....

GUESTS

....

....

....

....

....

....

....

....

....

....

....

GUESTS

....

....

....

....

....

....

....

....

....

GUESTS

· ·

· ·

· ·

· ·

· ·

· ·

· ·

· ·

GUESTS

....

....

....

....

....

....

....

....

....

....

GUESTS

....

....

....

....

....

....

....

....

....

GUESTS

....

....

....

....

....

....

....

....

....

GUESTS

....

....

....

....

....

....

....

....

....

....

....

GUESTS

....

....

....

....

....

....

....

....

....

....

GUESTS

....

....

....

....

....

....

....

....

....

GUESTS

GUESTS

....

....

....

....

....

....

....

....

....

....

GUESTS

....

....

....

....

....

....

....

....

....

....

....

GUESTS

....

....

....

....

....

....

....

....

....

....

....

GUESTS

....

....

....

....

....

....

....

....

....

....

GUESTS

....

....

....

....

....

....

....

....

....

....

GUESTS

....

....

....

....

....

....

....

....

....

....

GUESTS

....

....

....

....

....

....

....

....

....

....

GUESTS

GUESTS

....

....

....

....

....

....

....

....

....

....

....

GUESTS

GUESTS

....

....

....

....

....

....

....

....

....

GUESTS

....

....

....

....

....

....

....

....

....

....

GUESTS

....

....

....

....

....

....

....

....

....

....

....

GUESTS

....

....

....

....

....

....

....

....

....

GUESTS

....

....

....

....

....

....

....

....

....

....

....

GUESTS

GUESTS

GUESTS

....

....

....

....

....

....

....

....

....

....

....

GUESTS

....

....

....

....

....

....

....

....

....

....

....

GUESTS

....

....

....

....

....

....

....

....

....

....

GUESTS

....

....

....

....

....

....

....

....

....

....

....

GUESTS

....

....

....

....

....

....

....

....

....

....

GUESTS

....

....

....

....

....

....

....

....

....

....

....

GUESTS

....

....

....

....

....

....

....

....

....

....

....

GUESTS

....

....

....

....

....

....

....

....

....

....

....

GUESTS

....

....

....

....

....

....

....

....

....

....

....

GUESTS

GUESTS

....

....

....

....

....

....

....

....

....

 GUESTS

....

....

....

....

....

....

....

....

....

....

GUESTS

....

....

....

....

....

....

....

....

GUESTS

....

....

....

....

....

....

....

....

....

....

....

....

GUESTS

....

....

....

....

....

....

....

....

....

GUESTS

....

....

....

....

....

....

....

....

....

....

GUESTS

....

....

....

....

....

....

....

....

GUESTS

....

....

....

....

....

....

....

....

....

....

GUESTS

....

....

....

....

....

....

....

....

....

GUESTS

....

....

....

....

....

....

....

....

....

....

....

....

GUESTS

....

....

....

....

....

....

....

....

....

GUESTS

GUESTS

....

....

....

....

....

....

....

....

....

....

....

GUESTS

....

....

....

....

....

....

....

....

....

GUESTS

....

....

....

....

....

....

....

....

....

....

GUESTS

GUESTS

....

....

....

....

....

....

....

....

....

....

GUESTS

GUESTS

....

....

....

....

....

....

....

....

GUESTS

....

....

....

....

....

....

....

....

....

....

GUESTS

....

....

....

....

....

....

....

....

....

....

GUESTS

....

....

....

....

....

....

....

....

....

....

....

GUESTS

....

....

....

....

....

....

....

....

....

....

GUESTS

....

....

....

....

....

....

....

....

....

....

GUESTS

....

....

....

....

....

....

....

....

....

....

GUESTS

GUESTS

....

....

....

....

....

....

....

....

....

....

....

GUESTS

....

....

....

....

....

....

....

....

....

....

First published in 2019 by Rock Point, an imprint of The Quarto Group,
142 West 36th Street, 4th Floor, New York, NY 10018, USA
T (212) 779-4972 **www.Quarto.com**

Rock Point titles are also available at discount for retail, wholesale, promotional, and bulk purchase. For details, contact the Special Sales
Manager by email at specialsales@quarto.com or by mail at The Quarto Group, Attn: Special Sales Manager, 100 Cummings Center, Suite
265-D, Beverly, MA 01915, USA.

10 9

ISBN: 978-1-63106-592-7

Editorial Director: Rage Kindelsperger
Managing Editor: Erin Canning
Design and Illustration: Amy Harte for 3&Co., with additional illustration by PaperSphinx

Printed in China